Die schönsten MÄRCHEN der BRÜDER GRIMM

Für Kinder nacherzählt von Edith Jentner
mit Bildern von Anne Graham-Johnstone

PESTALOZZI-VERLAG, D 8520 ERLANGEN

Der gestiefelte Kater

Es war einmal ein Müller, der hatte drei Söhne, seine Mühle, einen Esel und einen Kater. Die Söhne mußten mahlen, der Esel Getreide holen und Mehl forttragen, die Katze dagegen die Mäuse wegfangen. Als der Müller starb, teilten sich die drei Söhne die Erbschaft. Der älteste bekam die Mühle und der zweite den Esel. Dem jüngsten Sohn aber blieb nur der Kater. Da sagte er sich: „Was soll ich schon mit einem Kater anfangen? Ich kann mir höchstens ein Paar Pelzhandschuhe aus seinem Fell machen lassen."

„Du brauchst mich nicht zu töten", sprach da der Kater, der alles verstanden hatte, „laß mir nur ein Paar Stiefel machen, damit ich mich unter den Leuten sehen lassen kann. Dann soll dir bald geholfen sein." Der Müllerssohn wunderte sich, daß der Kater überhaupt sprechen konnte. Und weil er von Natur aus gutmütig war, ließ er den Schuster kommen und dem Kater ein Paar Stiefel anmessen. „Schön weich sollen sie werden!" sagte er.

Als die Stiefel fertig waren, zog sie der Kater an, nahm einen Sack, streute ein paar Handvoll Körner hinein und zog oben eine Schnur durch, so daß man ihn zuziehen konnte. Dann warf er den Sack über den Rücken und ging davon.

In jenem Land regierte damals ein König, der gern Rebhühner aß. Nur waren diese schwer zu bekommen. Das wußte der Kater und wollte seine Sache besser anfangen. Er legte den Sack mit Körnern offen ins Feld. Die Schnur führte er durchs Gras bis zu einer Hecke, wo er sich auf die Lauer legte. Bald kamen die Rebhühner angelaufen, fanden die Körner – und eins nach dem andern hüpfte in den Sack hinein. Als genügend darin waren, zog der Kater die Schnur zu, schulterte den Sack und ging geradewegs zum Schloß des Königs.

„Halt! Wohin?" rief die Wache. „Zum König!" antwortete der Kater kurzweg. Und man ließ ihn auch wirklich ein. Als der Kater vor dem König stand, verbeugte er sich tief und sprach: „Mein Herr, der Graf, läßt sich dem Herrn König empfehlen und schickt ihm diese Rebhühner."

Der König staunte über die schönen, fetten Rebhühner und war vor Freude außer sich. Darum befahl er, dem Kater so viel Gold aus der Schatzkammer in den Sack zu tun, wie er tragen konnte. Damit wandte er sich an den Kater und sagte: „Bring das deinem Herrn und dank ihm vielmals für sein Geschenk."

Der arme Müllerssohn aber saß zu Hause am Fenster und dachte betrübt: Jetzt habe ich auch noch das letzte Geld für die Stiefel des Katers ausgegeben! Was wird der mir schon Großes bringen können! Da trat der Kater ein, warf den Sack vom Rücken, schnürte ihn auf und zeigte dem Müllerssohn das Gold. „Da hast du etwas für die Stiefel. Der König läßt dich grüßen und sagt dir Dank für die Rebhühner."

Der Müllerssohn war über den Reichtum sehr froh. Und während der Kater seine Stiefel auszog, erzählte er ausführlich, wie er zu dem Gold gekommen war. Dann sagte er noch: „Morgen ziehe ich meine Stiefel wieder an, und du sollst noch reicher werden."

Von nun an ging der Kater täglich auf die Jagd und brachte dem König Rebhühner. Und täglich brachte er Gold heim. Beim König war er so beliebt, daß er im Schloß aus- und eingehen konnte, wie es ihm gefiel. Eines Tages sagte er zum Müllerssohn: „Wenn du ein Graf werden willst, so komm hinaus an den See und bade darin. Der König und die Prinzessin werden dort spazierenfahren. Den Rest laß mich besorgen." Also stieg der Müllerssohn nackt ins Wasser, und der Kater versteckte seine Kleider. Als nun die Königskutsche angefahren kam, jammerte der Kater: „Allergnädigster König! Während mein Herr im See ein Bad nehmen wollte, stahl ihm ein Dieb seine Kleider. Nun ist der Herr Graf im Wasser und kann nicht heraus." Da ließ der König sofort prächtige Kleider holen.

Der Müllerssohn war jung und schön und gefiel dem König und auch der Prinzessin gut. Er mußte sich nun zu beiden in die Kutsche setzen. Der Kater war inzwischen vorausgelaufen. Er kam an ein großes Kornfeld, das gerade abgeerntet wurde. Von den vielen Leuten, die dort arbeiteten, erfuhr er, daß alles dem großen Zauberer gehörte. Da befahl er ihnen: „Hört, jetzt wird gleich der König vorbeifahren. Wenn er fragt, wem das Korn gehöre, so antwortet: dem Grafen! Tut ihr das nicht, so wird es euch schlecht ergehen!"

Darauf ging der Kater weiter und kam zu einer großen Wiese, wo viele Leute Heu wendeten. Auch sie fragte er: „Wem gehört die Wiese?" und bekam zu hören: „Dem großen Zauberer." Darauf befahl er auch ihnen: „Wenn der König fragt, wem die Wiese gehöre, so antwortet: dem Grafen! Tut ihr das nicht, so wird es euch schlecht ergehen!" Und ähnliches befahl der Kater den Waldarbeitern bei einem prächtigen Wald. Schließlich kam er dann zum Schloß des Zauberers. Er trat keck ein, stellte sich vor dem Zauberer auf und sagte: „Ich habe gehört, daß du dich in jedes Tier verwandeln kannst. Das mag sein. Ich glaube aber nicht, daß es dir möglich ist, dich in ein so gewaltiges Tier wie einen Elefanten zu verwandeln." – „Und ob es mir möglich ist!" erwiderte der Zauberer stolz, und schon stand er als Elefant vor dem Kater.

„Unerhört!" lobte der Kater. „Du bist bestimmt der größte Zauberer der Welt. Aber ich wette, in ein so kleines Tier wie eine Maus kannst du dich nicht verwandeln." Der Zauberer lachte: „Auch das kann ich!" und schon sprang er als Maus herum. Da tat der Kater einen riesigen Satz, packte die Maus und verschlang sie. Inzwischen war der König mit dem Grafen weitergefahren und zu dem Kornfeld gekommen. „Wem gehört das Korn, ihr Leute?" fragte er. „Dem Herrn Grafen!" riefen sie alle, wie es ihnen der Kater befohlen hatte. „Ihr habt ein schönes Stück Land!" sagte der König bewundernd. Und als sie an der Heuwiese und dem Wald vorbeifuhren, sagten die Leute jedesmal, dies gehöre dem Grafen. Der König wunderte sich über dessen Reichtum. Und als sie schließlich beim Schloß ankamen, stand der Kater oben an der Treppe und begrüßte die Ankommenden.

Dann ging er ihnen bis zur Kutsche entgegen und sagte: „Herr König, Ihr seid im Schloß meines Herrn willkommen! Die Ehre Eures Besuches wird ihn sein Leben lang glücklich machen."

Der König stieg aus und bestaunte das prächtige Schloß, das fast größer und schöner war als sein eigenes. Dann traten alle ein, um es von innen zu besichtigen. Der Kater hatte sich vorher wohlweislich im ganzen Schloß umgesehen und davon überzeugt, daß zugleich mit dem Zauberer auch seine gesamten Zaubersachen verschwunden waren. Er konnte die Gäste also ruhig durch das ganze Schloß führen.

Alle staunten über die Pracht und den Reichtum, der hier herrschte. Am besten gefiel der Prinzessin der große Spiegelsaal im ersten Stock, der vor lauter Gold und Edelsteinen funkelte.

Da wurde die Prinzessin dem Grafen versprochen, und als der König starb, wurde der Müllerssohn König im Land.

Den gestiefelten Kater aber ernannte er aus Dankbarkeit zu seinem ersten Minister.

Rotkäppchen

Es war einmal ein kleines, süßes Mädchen. Und jeder, der es nur ansah, hatte es lieb, am allerliebsten aber seine Großmutter. Die wußte gar nicht, was sie dem Kind alles geben sollte. Einmal schenkte sie ihm ein schönes rotes Käppchen aus Samt. Und weil es ihm so gut stand, wollte das Mädchen nichts anderes mehr tragen. Darum nannten es alle von nun an nur noch Rotkäppchen. Eines Tages sagte die Mutter: „Komm, Rotkäppchen, da hast du ein Stück Kuchen und eine Flasche Wein. Bring das der Großmutter hinaus, sie ist krank und schwach und soll sich daran stärken. Sei hübsch brav und geh nicht vom Weg ab, sonst fällst du und zerbrichst die Flasche, und die arme Großmutter hat nichts. Wenn du dann in die Stube kommst, so vergiß nicht, guten Morgen zu sagen!"
„Ich will schon alles richtig machen", versprach Rotkäppchen und ging winkend davon. Die Großmutter aber wohnte draußen im Wald, eine halbe Stunde vom Dorf. Als nun Rotkäppchen in den Wald kam, begegnete ihm der Wolf.

„Guten Tag, Rotkäppchen", sagte der Wolf freundlich, „wohin willst du so früh?" Rotkäppchen wußte nicht, daß der Wolf ein böses Tier war. Darum antwortete es, ohne sich zu fürchten: „Ich gehe zur Großmutter. Und weil sie krank ist, bringe ich ihr Kuchen und Wein. Das würde sie stärken, sagt Mutter."

„Rotkäppchen, wo wohnt deine Großmutter?" fragte der Wolf weiter. „Mitten im Wald, im Haus unter den drei großen Eichen, noch eine gute halbe Stunde von hier", antwortete es, ohne Verdacht zu schöpfen. Der Wolf aber dachte bei sich: Das junge, zarte Ding, das ist ein fetter Bissen, der wird noch besser schmecken als die Alte. Du mußt es listig anstellen, damit du beide schnappst.

Eine Zeitlang trottete der Wolf neben Rotkäppchen her, dann sprach er: „Sieh einmal die schönen Blumen, die ringsumher stehen! Guck dich doch um! Du gehst ja für dich hin, als ob du zur Schule gingst. Und dabei ist es doch so lustig hier draußen im Wald." Da sah sich Rotkäppchen einmal richtig um und mußte dem Wolf recht geben.

Schön war es im Wald! Und wie herrlich die Blumen blühten! Da dachte Rotkäppchen: Ei, wenn ich der Großmutter einen schönen Strauß mitbringe, wird sie sich bestimmt freuen. Und es lief vom Weg ab in den Wald hinein und pflückte Blumen. Es merkte dabei gar nicht, wie die Zeit verging.

Der Wolf lief inzwischen geradewegs zum Haus der Großmutter und klopfte an die Tür.

„Wer ist draußen?" erklang eine schwache Stimme.

„Rotkäppchen. Ich bringe dir Kuchen und Wein. Mach mir auf!" – „Drück nur auf die Klinke", rief die Großmutter, „ich bin zu schwach, um aufzustehen."

Der Wolf drückte die Klinke hinunter, und die Tür sprang auf. Ohne etwas zu sagen, trat er ans Bett der Großmutter und verschluckte die. Nun nahm er ihre Kleider und zog sie sich an. Dann setzte er ihre Haube auf und legte sich in ihr Bett.

Rotkäppchen war inzwischen nach Blumen herumgelaufen. Wenn es eine gebrochen hatte, meinte es: „Ach, da weiter hinten steht eine noch schönere!" Und es lief, um sie zu pflücken. Aber noch weiter weg stand eine viel schönere, und die wollte es dann auch noch haben. Und so pflückte Rotkäppchen weiter, bis der Strauß so dick war, daß es ihn kaum noch tragen konnte. Da fiel ihm die Großmutter wieder ein.

Als Rotkäppchen ans Haus der Großmutter kam, stand die Tür einen Spalt offen. Darüber wunderte sich Rotkäppchen sehr, und als es in die Stube trat, überkam es eine seltsame Angst. Und es dachte: Ei, wie ängstlich wird mir heute zumute! Ich bin doch sonst so gern bei der Großmutter. Darauf ging es zum Bett und staunte. Denn da lag die Großmutter und sah so wunderlich aus!

„Ei, Großmutter, was hast du für große Ohren!"

„Damit ich dich besser hören kann!"

„Ei, Großmutter, was hast du für große Augen!"

„Damit ich dich besser sehen kann!"

„Ei, Großmutter, was hast du für große Hände!"

„Damit ich dich besser packen kann!"

„Aber Großmutter, was hast du für einen entsetzlich großen Mund!"

„Damit ich dich besser fressen kann!"

Kaum hatte der Wolf das gesagt, sprang er mit einem großen Satz aus dem Bett und verschlang das arme Rotkäppchen.

Als der Wolf seinen Appetit gestillt hatte, legte er sich wieder ins Bett und schlief zufrieden ein. Bald begann er überlaut zu schnarchen.

Der Jäger ging eben an dem Haus vorbei und dachte: Wie die alte Frau schnarcht! Du mußt nachsehen, ob ihr etwas fehlt. Und damit trat er in die Stube. Wie er aber an das Bett kam, sah er verwundert den Wolf darin liegen, den er schon lange gesucht hatte. „Hier finde ich dich also, du alter Schurke!" sagte er kopfschüttelnd.

Schon wollte er die Büchse anlegen, da hielt er inne. Halblaut sagte er: „Lieber nicht! Der Wolf könnte die Großmutter gefressen haben, und vielleicht ist sie noch zu retten. Darum schieße ich besser nicht!"

Und kurz entschlossen griff er nach der großen Schere, die auf dem Tisch lag, und schnitt dem Wolf behutsam den Bauch auf.

Wie erstaunt war er aber, als er das rote Käppchen leuchten sah! Da sprang das Mädchen auch schon heraus und rief: „Ach, wie war ich erschrocken! Wie war es doch so dunkel im Bauch des Wolfes!"

Und dann kam die alte Großmutter auch noch lebendig heraus.

War das eine Freude für die drei!
Rotkäppchen aber holte geschwind große Steine, um damit den Leib des Wolfes zu füllen.
Als der Räuber aufwachte, wollte er sofort aufspringen und fortlaufen. Aber die Steine waren so schwer, daß er tot zur Erde fiel. Da waren alle drei vergnügt. Die Großmutter kostete von dem mitgebrachten Wein und vom Kuchen und nickte dann Rotkäppchen zu. Rotkäppchen tanzte übermütig zwischen den beiden herum.
Der Jäger aber zog dem Wolf den Pelz ab und ging damit heim. Da dachte Rotkäppchen bei sich: Ich will mein Lebtag nicht wieder allein vom Weg ab in den Wald laufen, wenn es mir die Mutter verboten hat!

Schneewittchen

Es war einmal mitten im Winter, die Schneeflocken fielen wie Federn vom Himmel herab. Da saß eine schöne Königin an ihrem Fenster, das einen Rahmen aus schwarzem Ebenholz hatte, und nähte. Und wie sie so nähte und nach dem Schnee aufblickte, stach sie sich mit der Nadel in den Finger. Da fielen drei Tropfen Blut in den Schnee. Und weil das Rote in dem Weißen so schön aussah, dachte sie: Hätt' ich doch ein Kind so weiß wie Schnee, so rot wie Blut und so schwarz wie dieser Fensterrahmen. Bald darauf bekam sie ein Töchterlein, dessen Haut so weiß wie Schnee war. Die Lippen waren so rot wie Blut und die Haare schwarz wie Ebenholz. Darum wurde das Mädchen Schneewittchen genannt.

Die Königin aber starb bei der Geburt des Mädchens, und der König nahm sich nach einem Jahr eine andere Gemahlin. Die war sehr schön, aber stolz und hochmütig. Sie konnte es nicht ertragen, daß jemand schöner sein sollte als sie.

Darum trat sie jeden Morgen vor ihren Zauberspiegel und fragte: „Spieglein, Spieglein an der Wand, wer ist die Schönste im ganzen Land?"

Und immer antwortete der Spiegel: „Frau Königin, Ihr seid die Schönste im Land!"

Schneewittchen wuchs zu einem wunderschönen Mädchen heran. Es war so schön, daß es sogar die Königin an Schönheit übertraf. Einmal fragte diese wieder ihren Spiegel:

„Spieglein, Spieglein an der Wand, wer ist die Schönste im ganzen Land?"

Und diesmal antwortete er: „Frau Königin, Ihr seid die Schönste hier, aber Schneewittchen ist tausendmal schöner als Ihr!"

Als die Königin den Spiegel so sprechen hörte, wurde sie blaß vor Neid.

Und von diesem Tag an haßte sie das Mädchen.

Die Königin befahl einem Jäger, das Kind in den Wald zu bringen und zu töten. Er aber hatte Mitleid mit Schneewittchen und ließ es laufen. Es irrte den ganzen Tag umher. Als es schon zu dämmern begann, kam es an ein kleines Haus und trat ein. Wie niedlich und klein darin alles war! Schneewittchen sah sich um. Auf dem Tisch standen sieben Gedecke. Und weil das Mädchen hungrig war, aß es von jedem Tellerchen ein wenig und trank aus jedem Becherlein einen Schluck, denn es wollte nicht einem alles wegnehmen. Und dann probierte es die Betten aus, bis eines paßte. In dieses legte es sich und schlief ein.
Als es ganz dunkel geworden war, kamen die Herren des Hauses, die sieben Zwerge, von ihrer Arbeit im Erzbergwerk heim. Da merkten sie gleich, daß jemand im Haus gewesen war. Einer rief: „Wer hat auf meinem Stühlchen gesessen?" Und ein anderer: „Wer hat von meinem Tellerchen gegessen?" Und ein dritter: „Wer hat von meinem Brötchen genommen?" Und ein vierter: „Wer hat von meinem Gemüse gekostet?" Der fünfte: „Wer hat mit meinem Messerchen geschnitten?"

Und schließlich rief einer: „Wer hat in meinem Bettchen gelegen?" Alle riefen durcheinander, bis der siebente Zwerg in seinem Bettchen das schlafende Schneewittchen fand. Da standen sie staunend um das Bettchen herum und wagten nur zu flüstern: „Wie schön das Mädchen ist! Wie lieb!" Sie ließen es weiterschlafen. Am nächsten Morgen mußte Schneewittchen den Zwergen seine Geschichte erzählen. Einer schlug vor: „Bleib bei uns und führe uns den Haushalt." Das nahm Schneewittchen gern an. Die guten Zwerge warnten es noch, bevor sie aus dem Haus gingen: „Während wir im Bergwerk nach Gold graben, bist du allein im Haus. Laß ja niemanden herein!"
Bald darauf befragte die Königin wieder ihren Spiegel, und der antwortete: „Frau Königin, Ihr seid die Schönste hier,
    aber Schneewittchen über den Bergen
    bei den sieben Zwergen
    ist noch tausendmal schöner als Ihr!"
Als die Königin das hörte, wurde sie wütend und dachte Tag und Nacht darüber nach, wie sie Schneewittchen beseitigen könnte, um wieder die Schönste zu sein.

Endlich verkleidete sich die Königin als Krämerin, kam ans Zwergenhaus, verkaufte Schneewittchen einen schönen Schnürriemen fürs Mieder und zog ihn darauf so fest an, daß Schneewittchen wie tot umfiel. Zum Glück kamen bald die Zwerge heim, fanden den fremden Schnürriemen und entfernten ihn. Da kam das Mädchen wieder zu sich.

Nach einer Zeit hörte die Königin von ihrem Spiegel, daß Schneewittchen noch immer am Leben sei. Lange dachte sie nach und stellte schließlich einen giftigen Kamm her. Daraufhin zog sie in ganz anderer Verkleidung zum Zwergenhaus und rief: „Schöne Ware!" Schneewittchen guckte neugierig aus dem Fenster. Die Krämerin überredete es dazu, einen Kamm zu kaufen. Kaum hatte es ihn aber ins Haar gesteckt, fiel es besinnungslos nieder. Die Zwerge fanden auch den Kamm und konnten Schneewittchen retten.

Das dritte Mal kam die böse Königin als Bauersfrau vorbei, die mit Äpfeln handelte. Schneewittchen sagte gleich: „Ich darf niemanden hereinlassen, die Zwerge haben mir's streng verboten!"

„Armes Kind, so will ich dir wenigstens einen Apfel schenken", sprach die Bäuerin. Weil Schneewittchen noch immer mißtrauisch war, sagte sie: „Ich will den Apfel hier entzweischneiden und die eine Hälfte selbst essen. Da, das rotbackige Stück sollst du haben!" Der Apfel war aber so kunstvoll hergestellt, daß nur die rote Hälfte vergiftet war. Schneewittchen sah die Bäuerin essen und biß dann selbst herzhaft in seinen Teil. Kaum aber hatte es den Bissen im Mund, da fiel es tot zur Erde.

An diesem Abend mühten sich die Zwerge vergebens, Schneewittchen wieder zum Leben zu erwecken. Das liebe Mädchen war und blieb tot.

Die sieben Zwerge trauerten um Schneewittchen. Es sah immer noch so frisch aus wie ein lebender Mensch und hatte rosige Wangen. Darum konnten sie sich nicht dazu entschließen, es zu begraben. Die Zwerge ließen einen Sarg aus Glas machen und schrieben darauf „Schneewittchen, Königstochter". Dann legten sie Schneewittchen hinein und freuten sich, daß man es von allen Seiten sehen konnte. Gemeinsam trugen die Zwerge den Sarg auf einen Berg hinauf und stellten ihn dort ab. Abwechselnd blieb einer von ihnen dabei und bewachte ihn.

So verging einige Zeit. Schneewittchen sah aus, als ob es schliefe, denn es war noch immer so weiß wie Schnee, so rot wie Blut und so schwarz wie Ebenholz.

Eines Tages kam ein junger Prinz zu dem Zwergenhaus und wollte da übernachten. Da sah er im Sarg Schneewittchen, auf das die sieben Lichtlein der Zwerge ihren Schein warfen, und er konnte sich an seiner Schönheit nicht satt sehen. Darum bat der Prinz die Zwerge, ihm den Sarg zu verkaufen. Doch sie wollten es um alles Gold der Welt nicht tun. Nun bat der Prinz, sie mögen ihm den Sarg mit Schneewittchen schenken. Da hatten die Zwerge Mitleid mit ihm und gaben ihm den Sarg.

Da geschah es, daß einer der Diener, die den Sarg trugen, über einen Stein stolperte. Durch die starke Erschütterung fiel der giftige Apfelbissen aus Schneewittchens Mund. Es schlug die Augen auf, schob den Sargdeckel in die Höhe und setzte sich auf.

„Ach Gott, wo bin ich?" rief es erstaunt.

Der Königssohn sagte voll Freude: „Du bist bei mir." Und dann erzählte er ihm ausführlich, was sich zugetragen hatte. Abschließend sagte er: „Ich habe dich lieber als alles auf der Welt. Komm mit mir ins Schloß meines Vaters. Du sollst meine Gemahlin werden." Schneewittchen sah ihn darauf lange an. Dann flüsterte es: „Auch ich mag dich", und folgte ihm auf das Schloß.

Dort wurde ihre Hochzeit in aller Pracht und allem Glanz gefeiert.

Aschenputtel

Es war einmal ein reicher Mann, der lebte lange Zeit vergnügt mit seiner Frau und dem Töchterchen zusammen. Als die Frau schwer krank wurde und fühlte, daß sie sterben mußte, rief sie ihre Tochter und sagte: „Liebes Kind, ich muß dich verlassen. Doch wenn ich oben im Himmel bin, will ich auf dich herabblicken. Pflanz ein Bäumlein auf mein Grab. Und wenn du dir etwas wünschst, dann schüttle dran, und du wirst es bekommen. Nur bleib fromm und gut!" Darauf starb sie. Das Mädchen ging jeden Tag hinaus zum Grabe der Mutter und weinte und trauerte um sie.

Nach einem Jahr nahm sich der Mann eine andere Frau, die selbst zwei Töchter hatte. Diese waren stolz, eitel und böse, und deshalb begann für das arme Kind eine schlimme Zeit. Die beiden Stiefschwestern nahmen ihm die schönen Kleider weg, zogen ihm alte Kleider an und gaben ihm hölzerne Schuhe. „Fort mit ihm in die Küche!" sagte die Stiefmutter. „Sie soll unsere Magd sein! Wenn sie Brot essen will, muß sie es erst verdienen!" So mußte das arme Kind den ganzen Tag schwer arbeiten.

Das Mädchen durfte abends in kein Bett, sondern mußte sich neben dem Herd in die Asche legen. Darum sah es immer schmutzig aus, und alle riefen es nur noch Aschenputtel.

Als der Vater einmal verreiste, fragte er seine Töchter, was er ihnen mitbringen solle. Aschenputtel wünschte sich nichts als ein Reis vom Haselnußstrauch, das es auf das Grab der Mutter pflanzen wollte. Und bald wuchs daraus ein wunderschöner Strauch, den es liebevoll pflegte.

Zu jener Zeit wollte der König einen Ball geben, der drei Tage lang dauern sollte. Sein Sohn, der Prinz, sollte sich dabei eine Gemahlin aussuchen. Dazu wurden die beiden stolzen Schwestern auch eingeladen. „Aschenputtel", riefen sie, „komm herauf, kämm uns die Haare und bürste uns die Schuhe. Wir gehen zum Ball auf das Schloß des Königs."

Aschenputtel gehorchte, weinte aber, weil es auch gern zum Tanz mitgegangen wäre. Die Schwestern verspotteten es, und die Mutter schüttete eine Schüssel Linsen in die Asche, die es auslesen sollte.

Da kamen seine Freunde, viele zahme Tauben und Vögel, herbeigeflogen. Aschenputtel sagte nur: „Die schlechten ins Kröpfchen, die guten ins Töpfchen!", und schon war die Arbeit getan. Dann fragten die Tauben: „Aschenputtel, willst du auch auf den Ball gehen und tanzen?" Und als es mit dem Kopf nickte, rieten sie ihm: „Lauf zum Haselnußstrauch auf dem Grabe deiner Mutter, schüttle daran und wünsche dir schöne Kleider. Komm aber vor Mitternacht wieder!" Da ging Aschenputtel hinaus, schüttelte das Bäumchen und sprach: „Bäumchen, rüttel dich und schüttel dich, wirf Gold und Silber über mich!" Kaum hatte es das ausgesprochen, da lagen ein prächtiges silbernes Kleid vor ihm, außerdem silberne Pantoffel und was sonst noch dazu gehörte. Aschenputtel wusch sich, zog sich an und ging zum Fest.

Alle hielten Aschenputtel für eine fremde Königstochter, so schön sah es aus. Der Königssohn tanzte nur mit ihm, worüber sich die schön herausgeputzten Stiefschwestern sehr ärgerten. Aber sie erkannten Aschenputtel nicht. Kurz vor Mitternacht verschwand es.

Am nächsten Abend schenkte ihm der Haselnußstrauch ein noch viel schöneres Kleid, und wieder tanzte Aschenputtel mit dem Königssohn und verschwand kurz vor Mitternacht.

Damit ihm die schöne Tänzerin nicht auch ein drittes Mal entkam, ließ der Königssohn die Treppe mit Pech bestreichen. Und als sie beim ersten Glockenschlag weg wollte, blieb ihr linker goldener Schuh auf der Treppe hängen, und sie eilte ohne ihn weiter.

Wieder hatte niemand bemerkt, wohin das schöne Mädchen verschwunden war.

Der Prinz aber hatte es zu seiner Braut auserwählt und war entschlossen, es mit Hilfe des goldenen Tanzschuhs wiederzufinden. „Keine andere soll meine Gemahlin werden als die, an deren Fuß dieser goldene Schuh paßt!" sagte er zum König. Endlich kam der Königssohn mit dem Schuh auch zu dem Haus von Aschenputtels Vater. Der Schuh war sehr klein und zierlich. Da freuten sich die beiden Schwestern, denn sie hatten kleine, schöne Füße. Jede hoffte, der Schuh würde ihr passen.

Zuerst ging die älteste Schwester in ihre Kammer und probierte den Schuh. Die Fußspitze paßte hinein, aber die Ferse war zu groß. Da riet die Mutter: „Schneide ein Stück vom Fuß ab! Wenn du Königin bist, brauchst du nicht mehr zu Fuß zu gehen."

Also hieb sie sich mit dem Messer ein Stück von der Ferse ab, zwängte den Fuß in den Schuh, verbiß den Schmerz und ging hinaus zum Königssohn. Da nahm er sie als Braut aufs Pferd und ritt mit ihr fort.

Als sie aber an dem Haselnußstrauch vorbeiritten, riefen drei Täubchen: „Ruckedigu, ruckedigu, Blut ist im Schuh! Der Schuh ist zu klein, die rechte Braut sitzt noch daheim!"

Da sah der Prinz, daß Blut aus dem Schuh quoll, und brachte die falsche Braut wieder nach Hause.

Nun ging die zweite Schwester in ihre Kammer und probierte den Schuh. Weil er ihr aber zu klein war, hieb sie ein Stück von den Zehen ab und zwängte den Fuß hinein.

Nun dachte der Prinz, diese wäre die rechte Braut, hob sie aufs Pferd und ritt mit ihr davon. Als sie an den Haselnußstrauch kamen, saßen die drei Täubchen immer noch da und riefen:

„Ruckedigu, ruckedigu, Blut ist im Schuh! Der Schuh ist zu klein, die rechte Braut sitzt noch daheim!" Da brachte der Prinz die falsche Braut nach Hause und fragte: „Habt Ihr nicht noch eine Tochter?" Die Mutter sagte: „Ach nein, nur noch ein Aschenputtel. Aber das ist viel zu schmutzig und darf sich nicht sehen lassen!" Doch der Prinz bestand darauf, und Aschenputtel mußte gerufen werden. Schnell wusch es sich Gesicht und Hände, trat vor den Königssohn und verneigte sich. Dann setzte es sich auf einen Schemel, streifte den Holzschuh ab und steckte den Fuß in den Tanzschuh. Der saß wie angegossen. Und als sich Aschenputtel aufrichtete und der Königssohn ihm ins Gesicht sah, erkannte er das schöne Mädchen wieder, das mit ihm getanzt hatte. Erfreut rief er: „Das ist die rechte Braut!", hob sie aufs Pferd und ritt mit ihr fort.

Die Stiefmutter und die beiden Schwestern erschraken und wurden blaß vor Neid und Ärger.

Als Aschenputtel und der Prinz am Haselnußstrauch vorbeiritten, riefen die Tauben diesmal: „Ruckedigu, ruckedigu, kein Blut ist im Schuh! Der Schuh ist nicht zu klein, die rechte Braut, die führt er heim!"

Der Wolf und die sieben jungen Geißlein

Es war einmal eine alte Geiß, die hatte sieben Junge, die sie sehr liebte und sorgsam vor dem Wolf hütete. Eines Tages wollte sie in den Wald gehen und Futter holen. Da rief sie alle sieben herbei und sprach: „Liebe Kinder, ich muß ausgehen und Futter holen. Seid auf der Hut vor dem Wolf. Der Bösewicht verstellt sich oft. Ihr könnt ihn aber an seiner rauhen Stimme und an seinen schwarzen Füßen leicht erkennen. Laßt ihn nicht ins Haus, sonst frißt er euch mit Haut und Haar!"
Da sagte ein Geißlein: „Geh nur unbesorgt, wir lassen niemanden herein!", und die anderen nickten dazu. Darauf ging die Mutter fort.
Die Geißlein winkten ihr übermütig nach und riefen: „Komm bald wieder! Und bring uns was Gutes mit!"
Der Wolf aber hatte in der Nähe des Hauses auf der Lauer gelegen. Als er die alte Geiß weggehen sah, rieb er sich zufrieden seine schwarzen Pfoten. Es dauerte nicht lange, so klopfte er an die Haustür und rief: „Macht auf, ihr lieben Kinder, eure Mutter ist da und hat jedem von euch etwas mitgebracht."

Aber die Geißlein erkannten den Wolf an der rauhen Stimme. „Wir machen nicht auf", riefen sie, „unsere Mutter hat eine feine Stimme!" Da ging der Wolf zum Krämer, kaufte ein Stück Kreide, aß sie und machte damit seine Stimme fein.

Danach ging er wieder zu den Geißlein und rief: „Liebe Kinder, laßt mich ein, ich habe jedem etwas mitgebracht."

Der Wolf aber hatte seine schwarze Pfote ins Fenster gelegt. Die Geißlein sahen sie und riefen: „Wir machen nicht auf, unsere Mutter hat keinen schwarzen Fuß wie du; du bist der Wolf!" Da lief der Wolf zu einem Bäcker und sprach: „Ich habe mich in den Fuß gestochen, streich mir Teig darüber."

Nun ging der Bösewicht zum dritten Mal zu der Haustür, klopfte an und sprach: „Macht mir auf, Kinder, euer liebes Mütterchen ist heimgekommen und hat jedem von euch etwas aus dem Wald mitgebracht." Die Geißlein riefen: „Zeig uns erst deine Pfote, damit wir wissen, daß du unser liebes Mütterchen bist."

Da legte er die Pfote ins Fenster. Und als sie sahen, daß sie schneeweiß war, glaubten sie, es wäre wirklich ihre Mutter, und öffneten die Tür. Wer aber hereinkam, das war der Wolf.

Die Geißlein erschraken und versuchten, sich zu verstecken. Das eine sprang unter den Tisch, das zweite ins Bett, das dritte in den Ofen, das vierte unter den Teppich, das fünfte in die Truhe, das sechste unter die Waschschüssel, das siebente schließlich in die Wanduhr. Doch der Wolf fand sie alle und verschlang sie. Nur das jüngste Geißlein im Uhrenkasten, das fand er nicht.

Als der Wolf sich nun vollgefressen hatte, verließ er das Geißenhaus und legte sich draußen auf der grünen Wiese unter einen Baum. Er schlief sogleich ein.

Nicht lange danach kam die alte Geiß aus dem Wald wieder heim. Ach, was mußte sie da erblicken! „Die Haustür steht ja sperrangelweit offen!" flüsterte sie entsetzt.

Und als sie eintrat, sah sie: Tisch, Stühle und Bänke waren umgeworfen, die Vase lag in Scherben. Die Geißenmutter suchte ihre Kinder, konnte sie aber nirgends finden. Sie rief sie nacheinander bei Namen, aber niemand antwortete ihr. Endlich, als sie nach dem jüngsten rief, hörte sie eine ganz klägliche Stimme: „Liebe Mutter, ich stecke im Uhrenkasten!"

Sie holte das Geißlein heraus, und es erzählte ihr, wie listig sich der böse Wolf angestellt hatte.

„Ja, habt ihr ihn nicht an der Stimme erkannt?" wollte die Mutter wissen.

„Zuerst schon", erzählte das Geißlein, „aber dann klang seine Stimme ganz hell." – „So, so, und wie war das mit seinen Füßen?" fragte die Mutter weiter.

„Oh, daran hatten wir auch gedacht", berichtete das Geißlein. „Zuerst mußte uns der Wolf seine Pfote zeigen. Erst als wir die weiße Pfote sahen, haben wir aufgemacht."

„Schon gut", tröstete die Geiß ihr Jüngstes, streichelte und liebkoste es. Und dabei rannen ihr Tränen über das Gesicht. „Ach, meine lieben Kinder!" jammerte sie vor sich hin. Endlich lief sie in ihrem Kummer hinaus ins Freie, und das jüngste Geißlein folgte ihr. Als sie auf die Wiese kamen, so lag da der Wolf unter dem Baum und schnarchte, daß die Äste zitterten. Die Geiß betrachtete ihn von allen Seiten und sah, daß in seinem dick gefüllten Bauch sich etwas regte und zappelte. Ach, dachte sie, sollten meine armen Kinder, die er zum Mittagessen hinuntergewürgt hat, vielleicht noch am Leben sein?

Da mußte das Geißlein nach Hause laufen und Nadel, Zwirn und Schere holen. Dann schnitt die Geiß dem Ungetüm den Bauch auf. Kaum hatte sie den ersten Schnitt getan, so steckte schon ein Geißlein den Kopf heraus. Und als sie weiter schnitt, so sprangen nacheinander alle sechs Geißlein heraus. Sie waren alle noch am Leben und waren sogar unversehrt geblieben, denn der Wolf hatte sie in seiner Gier ganz hinuntergeschluckt. War das eine Freude! Sie umarmten ihre Mutter und hüpften übermütig um sie herum.

Da sagte die alte Geiß: „Lauft und holt jetzt große Steine, damit wollen wir dem Wolf den Bauch füllen, solange er noch schläft." Die Geißlein schleppten Steine herbei, steckten sie ihm in den Bauch, und die Alte nähte ihn schnell zu. Dann versteckten sich alle in der Nähe hinter einer Hecke.

Als der Wolf schließlich ausgeschlafen hatte, erhob er sich schwerfällig. Und weil er großen Durst hatte, wollte er zum Brunnen laufen, um Wasser zu trinken. Bei den ersten Schritten aber stießen die Steine in seinem Bauch aneinander und polterten. Erstaunt sagte er: „Was rumpelt und pumpelt in meinem Bauch herum? Ich meinte, es wären sechs Geißlein, nun hört sich's an wie lauter Wackerstein'!" Nur langsam schleppte sich der Wolf bis an den Brunnen. Als er sich aber über den Brunnenrand beugte, um zu trinken, zogen ihn die schweren Steine kopfüber hinein, und er mußte jämmerlich ertrinken.

Als die sieben Geißlein das sahen, wagten sie sich aus ihrem Versteck hervor. Und dann tanzten sie vor Freude mit ihrer Mutter um den Brunnen und sangen dazu: „Der Wolf ist tot! Der Wolf ist tot!"